O PODER DO PODCAST

LUIZ FERNANDO ANDRIANI JUNIOR

O PODER DO PODCAST

Copyright 2024 by
LUIZ FERNANDO ANDRIANI JÚNIOR

Revisão Ortográfica
Geverton Luiz Rocha Lima

Capa
Unemídia Ltda

Diagramação
Unemídia Ltda

Publicação Independente
ISBN: 9798335169455

Dedico este livro à minha família, pelo apoio incondicional e encorajamento ao longo desta jornada. Sem seu amor e compreensão, este projeto não teria sido possível. Um agradecimento especial ao meu amigo Renato Catâneo, cuja parceria e visão foram fundamentais para a idealização e realização deste livro. Sua dedicação e entusiasmo foram inspirações constantes.

Obrigado por acreditar neste projeto tanto quanto eu.

INTRODUÇÃO

Nos últimos anos, o podcast emergiu como uma das plataformas de comunicação mais influentes e acessíveis da era digital. Surgindo como uma alternativa aos meios tradicionais, o podcast rapidamente se popularizou, permitindo que qualquer pessoa com um microfone e uma conexão à internet pudesse compartilhar suas ideias, histórias e conhecimentos com o mundo.

A democratização da comunicação promovida pelos podcasts é um dos aspectos mais notáveis desta mídia. Diferente das rádios e televisões, que exigiam enormes investimentos, os podcasts abriram espaço para vozes antes marginalizadas. Hoje, qualquer indivíduo pode encontrar uma audiência global interessada em suas perspectivas.

Essa democratização gerou inúmeros benefícios para os podcasters. Muitos obtiveram autoridade em suas áreas de interesse, construindo credibilidade e reconhecimento. A visibilidade proporcionada pelos podcasts permitiu que esses criadores de conteúdo fossem descobertos por novos públicos. Além disso, a monetização do conteúdo, através de patrocínios, doações e parcerias, criou novas formas de renda, possibilitando que muitos podcasters transformassem suas paixões em carreiras viáveis.

Com este livro, convidamos você a explorar mais a fundo o fascinante mundo dos podcasts e a compreender como essa plataforma transformou a comunicação moderna. Aproveite a leitura!

Sumário

CAPÍTULO 1

O Mundo dos Podcasts

Origens e Evolução

A história dos podcasts remonta ao início dos anos 2000, um período em que a internet já estava bem estabelecida, mas havia explorado pouco suas capacidades multimídia. O termo "podcasting" surgiu da fusão das palavras 'iPod', o popular player de música da Apple lançado em 2001, e 'broadcasting', que significa basicamente "transmitir". Essa inovação refletia a ideia de transmitir conteúdo de áudio digitalmente, permitindo que qualquer pessoa pudesse criar e distribuir seu próprio programa.

O conceito de podcasting ganhou vida com o aprimoramento das tecnologias de compressão de áudio, que permitiram a transmissão eficiente de grandes arquivos pela internet. Em 2004, o cenário evoluiu exponencialmente quando o software necessário para criar e distribuir podcasts se tornou amplamente acessível, impulsionado pelo lançamento da versão 4.9 do leitor de música digital iTunes, da Apple, que ampliou o suporte aos podcasts. Programas como 'This American Life' e 'RadioLab' começaram a migrar do rádio tradicional para o formato digital, capitalizando sua crescente popularidade.

Para uma compreensão geral do conceito, é importante diferenciar os termos podcast e podcasting. O termo podcast refere-se a uma publicação digital em formato de áudio ou vídeo, enquanto podcasting trata da tecnologia de gerenciamento e distribuição dos podcasts.

Ao longo dos anos, os podcasts passaram por uma diversificação significativa, tanto em termos de conteúdo quanto na maneira como são produzidos. Inicialmente dominados por indivíduos ou pequenos grupos discutindo tópicos específicos, eles evoluíram para incluir produções altamente sofisticadas realizadas por grandes estúdios e produtoras. Empresas como Spotify e Apple passaram a investir pesadamente na exclusividade de certos podcasts, transformando-os em produtos lucrativos e estratégicos.

A evolução tecnológica também permitiu que os podcasts ultrapassassem as fronteiras do áudio. Atualmente, a grande maioria deles incluem elementos visuais, criando o que conhecemos como vídeo-podcasts ou 'vodcasts'. Essa expansão para o vídeo abriu novas oportunidades para a interação com o público, por meio de plataformas como YouTube e Twitch, ampliando seu alcance e impacto.

Atualmente, os podcasts são uma parte fundamental da cultura digital global. Eles proporcionam uma maneira inovadora de distribuição de conteúdo, onde tópicos especializados podem ser explorados em profundidade, de uma forma que os meios tradicionais de comunicação muitas vezes não conseguem igualar. A popularidade e a influência desse formato continuam a crescer, e é muito provável que esse formato de mídia continue a evoluir exponencialmente, adaptando-se às novas tecnologias e tendências de consumo de mídia.

DA SIMPLICIDADE DO ÁUDIO À COMPLEXIDADE DO VISUAL

A transição dos podcasts de formatos puramente auditivos para a incorporação de elementos visuais representa uma evolução significativa na maneira como consumimos conteúdo digital. Essa mudança não apenas ampliou seu alcance, mas também transformou profundamente a experiência do usuário, oferecendo novos níveis de engajamento e interatividade.

Inicialmente, os podcasts eram valorizados por sua simplicidade e conveniência. A capacidade de ouvir programas enquanto se realizavam outras atividades era uma das maiores vantagens do formato. Os ouvintes podiam absorver informações e entretenimento de maneira descomplicada, sem a necessidade de um envolvimento visual. Essa simplicidade foi fundamental para o rápido crescimento e a popularidade inicial do formato.

Com o avanço das tecnologias de streaming e a demanda por conteúdo mais envolvente, muitos criadores começaram a explorar o potencial dos vídeos. Podcasts populares como o "H3 Podcast" e o "The Joe Budden Podcast" abraçaram essa transição, demonstrando como a incorporação de elementos visuais pode elevar a experiência do público. Eles evoluíram para incluir filmagens dos apresentadores, permitindo que os fãs se conectassem de forma mais profunda com suas personalidades e reações.

Essa evolução foi facilitada por plataformas que permitiram a hospedagem e o fácil acesso a vídeos por uma audiência global. Elas oferecem recursos que potencializam a experiência do usuário, como a capacidade de comentar em tempo real, participar de chats ao vivo e assistir conteúdos recomendados com base em seus interesses.

A inclusão de elementos visuais permitiu que os criadores expressassem suas mensagens de maneiras mais dinâmicas. Podcasts como "Ciência Sem Fim" utilizam demonstrações práticas e animações para ilustrar conceitos complexos, tornando-os mais acessíveis. Já o "Planet Money" da NPR emprega gráficos e tabelas para visualizar dados e tendências, facilitando a compreensão de assuntos financeiros intrincados.

Além disso, ver os apresentadores e convidados adicionou um elemento pessoal que aumenta a conexão entre criadores e ouvintes. No podcast "Não Inviabilize", a linguagem corporal expressiva e o carisma da apresentadora Déia Freitas contribuem para criar uma atmosfera descontraída, fortalecendo a relação com o público. Já no "SmartLess", a interação espontânea entre os anfitriões permite que sua amizade e química sejam transmitidas visualmente, cativando os espectadores.

As expressões faciais e outros sinais visuais podem transmitir emoções e detalhes que o áudio sozinho não consegue. No podcast "Mano a Mano", as reações genuínas dos entrevistados revelam nuances que enriquecem a narrativa. De forma semelhante, no "The Joe Rogan Experience", ver Joe Rogan interagindo com seus convidados permite que os espectadores captem sutilezas que adicionam profundidade às conversas.

A transição para o vídeo também abriu portas para novos formatos, como tutoriais de maquiagem ou culinária. A capacidade de ver demonstrações práticas é uma grande vantagem para esses gêneros.

Discussões em mesa redonda ou entrevistas ganharam uma nova dimensão com a inclusão de expressões faciais e linguagem corporal dos participantes.

No entanto, essa mudança trouxe desafios técnicos e criativos. A produção de vídeo requer habilidades em cinematografia, edição e pós-produção. Criadores precisam aprender a trabalhar com câmeras, iluminação e software de edição, muitas vezes requerendo investimentos em equipamento e treinamento. Felizmente, o mercado de estúdios e produtoras evoluiu para oferecer suporte especializado a preços acessíveis, permitindo que criadores desenvolvam projetos de alta qualidade sem grandes investimentos em infraestrutura. Esse suporte permite que os criadores se concentrem no desenvolvimento de seu conteúdo, enquanto os aspectos técnicos são gerenciados por profissionais experientes.

Em resumo, enquanto o áudio continua sendo um formato poderoso, a adição de vídeo oferece uma experiência mais rica que atende às expectativas modernas dos consumidores. A convergência de áudio e vídeo no podcasting representa uma evolução natural, refletindo as mudanças nos hábitos de consumo de mídia. É provável que vejamos ainda mais inovações nos métodos de produção e distribuição desses híbridos audiovisuais no futuro, solidificando o formato como uma forma de mídia dinâmica e influente na era digital.

Impacto Cultural e Alcance Global

O fenômeno dos podcasts ultrapassou as fronteiras do entretenimento para se tornar uma força cultural significativa com um alcance global impressionante. Essa mídia digital, que começou como uma forma alternativa de consumir conteúdo auditivo, agora influencia a política, educação, ciência e outros segmentos, moldando opiniões e culturas ao redor do mundo.

Os podcasts têm democratizado a informação, oferecendo a especialistas e entusiastas uma plataforma para compartilhar conhecimento sem o filtro dos grandes meios de comunicação. Isso resultou em uma diversificação notável do conteúdo disponível, permitindo que nichos de interesse e grupos sub-representados tenham uma voz. Atualmente, por exemplo, podcasts sobre histórias reais, como 'Não Inviabilize', ou direitos indígenas, como 'Originárias', têm ganhado espaço e estão fazendo diferenças significativas nas comunidades que atendem.. Essa democratização desafia as estruturas tradicionais de poder na mídia, dando voz a perspectivas marginalizadas que antes tinham pouco ou nenhum espaço.

Além disso, seu impacto educacional tem sido cada vez mais profundo. Instituições de ensino, desde escolas primárias até universidades, passaram a incorporar podcasts como ferramentas pedagógicas que complementam os métodos tradicionais de ensino. Professores e alunos produzem seus próprios episódios como parte de projetos educacionais, facilitando uma aprendizagem mais dinâmica e acessível. Um exemplo notável é o podcast "Escriba Cafe", produzido por estudantes de jornalismo da Universidade de São Paulo (USP), que explora temas relacionados à escrita e à comunicação.

No âmbito global, eles têm sido fundamentais na construção de pontes culturais que transcendem barreiras geográficas. Programas multilíngues ou aqueles dedicados à exploração de culturas específicas, como o "Mundo Podcast", oferecem aos ouvintes a oportunidade de expandir perspectivas globais sem sair de casa. A facilidade com que os podcasts podem ser distribuídos internacionalmente significa que ideias e histórias podem alcançar audiências globais quase instantaneamente. As traduções desses conteúdos, antes restritas, hoje foram simplificadas com a adoção da IA e estão disponíveis na maioria das plataformas de distribuição.

No entanto, é importante reconhecer alguns desafios associados à crescente influência dos podcasts. A facilidade de produção e distribuição também pode levar à disseminação de desinformação, exigindo que os ouvintes tenham senso crítico ao consumir o conteúdo. Além disso, a natureza personalizada dos podcasts pode criar "câmaras de eco", onde os espectadores são expostos apenas a perspectivas que reforçam suas crenças existentes, limitando a diversidade de ideias expostas.

Finalmente, o papel dos podcasts na formação da opinião pública não pode ser subestimado. Durante eleições ou crises globais, por exemplo, muitos recorrem a comentaristas confiáveis para análises profundas e diversas perspectivas que muitas vezes são omitidas em veículos de comunicação ou plataformas tradicionais. Isso enfatiza o papel crítico dessa mídia, não apenas como fonte de entretenimento, mas também como um influenciador chave no discurso público global. Dados estatísticos reforçam essa tendência: segundo a pesquisa "Podcast Stats Soundbites" de 2021, 41% dos ouvintes de podcasts nos Estados Unidos afirmam que os programas os ajudaram a formar opiniões sobre questões políticas e sociais.

Atualmente, esses canais não são apenas uma forma passiva de consumo de mídia; eles podem ser considerados catalisadores ativos para educação, entendimento cultural e participação cívica em escala mundial. Com a evolução contínua da tecnologia e o aumento da acessibilidade, os podcasts devem continuar a expandir seu impacto, oferecendo novas oportunidades para engajamento e expressão criativa. À medida que essa mídia se consolida como uma força cultural, é crucial reconhecer tanto o seu potencial transformador quanto os desafios associados à sua crescente influência.

CAPÍTULO 2

Planejamento e Desenvolvimento de Conteúdo

Definição de Nicho e Público-Alvo

Escolher cuidadosamente um nicho é o primeiro passo crucial para o desenvolvimento de um podcast. Uma boa definição de nicho não só ajuda a atrair um público específico, mas também estabelece a base para a criação de conteúdo especializado que ressoe com ele. A correta identificação do público-alvo permite compreender profundamente as necessidades, desejos e comportamentos dos ouvintes, garantindo que o canal ofereça conteúdo relevante e envolvente.

Para uma seleção adequada do nicho, é essencial realizar uma pesquisa abrangente sobre os interesses existentes no mercado potencial. Isso pode incluir a análise de tendências atuais, a participação em fóruns de discussão online e a obtenção de feedback direto por meio de enquetes e entrevistas com o público potencial. Essa pesquisa ajuda a identificar lacunas no mercado que o podcast pode preencher, aumentando assim suas chances de sucesso e diferenciação.

Outra abordagem é partir de um nicho com o qual já se tenha identificação, pesquisar o que já é abordado sobre ele em outros canais e escolher um subnicho que aborde assuntos relevantes sobre o tema que ainda não estejam sendo explorados. Por exemplo, um programa que fala sobre carros é algo comumente encontrado, mas um que aborda a preparação de carros para corridas de arrancada é um subnicho que direciona para um novo universo a ser explorado.

Uma vez definido o nicho, a próxima etapa é a construção do perfil do público-alvo. Isso envolve compreender variáveis demográficas como idade, sexo, localização geográfica e nível educacional do público que se deseja atingir. Além disso, é crucial entender as características psicográficas dos ouvintes, como seus valores, atitudes e estilo de vida. Essas informações são vitais para moldar o tom e o conteúdo do podcast, alinhando-os intimamente com as expectativas e interesses do público.

Para construir um perfil de público-alvo robusto e segmentado, deve-se utilizar técnicas e dados que vão além do básico demográfico. Analisar o comportamento online dos espectadores, suas preferências de consumo de mídia e até mesmo suas interações em redes sociais auxilia na criação de personas detalhadas, representações fictícias do público ideal que ajudam a personalizar e direcionar os conteúdos de forma mais eficaz.

As ferramentas analíticas oferecidas pelas plataformas digitais fornecem insights valiosos sobre quem está consumindo seu conteúdo e como eles interagem com ele. Essas informações podem ajudar a refinar ainda mais a estratégia de conteúdo, revelando quais episódios têm melhor desempenho em termos de engajamento e retenção de ouvintes. Plataformas como Spotify for Podcasters, Apple Podcasts Connect e Google Podcasts Manager oferecem dados detalhados que podem ser usados para ajustar a produção de conteúdo conforme necessário.

Para aqueles que já possuem um nicho definido, mas ainda não identificaram em detalhes o perfil do público, é importante utilizar as ferramentas analíticas disponíveis nas plataformas de podcast. Essas ferramentas permitem coletar dados valiosos sobre os ouvintes, como idade, localização geográfica e comportamento de consumo de mídia, proporcionando insights essenciais para ajustar o conteúdo de forma mais assertiva. À medida que novos episódios forem publicados, a análise contínua dessas métricas possibilitará uma evolução constante na compreensão do público-alvo, assegurando que o canal se mantenha relevante e atraente.

A colaboração com outros criadores ou influenciadores dentro do mesmo segmento pode expandir o alcance e atrair novos públicos. Participar de eventos, webinars ou conferências relacionadas ao tema do canal também pode ajudar a solidificar a posição do podcast dentro da comunidade do nicho escolhido.

Garantir que o podcast continue atendendo às expectativas dos ouvintes ativos exige revisões periódicas da estratégia de conteúdo e do perfil do público-alvo. Como as preferências e comportamentos do público podem mudar com o tempo, é crucial estar atento a essas mudanças para manter a relevância do canal. Experimentar novos formatos e abordagens pode trazer uma nova dinâmica ao conteúdo, mantendo-o fresco e interessante para o público.

A retenção de audiência requer uma abordagem estratégica que combine análise detalhada de dados com ações consistentes e personalizadas para construir e manter um público fiel. Incentivar o

23

feedback, responder aos comentários e perguntas, e incorporar sugestões dos ouvintes em futuros episódios são práticas recomendadas. Criar uma comunidade em torno do podcast, utilizando redes sociais, fóruns ou grupos exclusivos, aumenta a captação e retenção de público dentro do nicho, além de gerar engajamento e lealdade.

Em suma, a escolha acertada do nicho combinada com uma compreensão profunda do público-alvo são fundamentais para criar um podcast cativante, mantendo os espectadores existentes retornando por mais conteúdo, bem como atraindo novos seguidores continuamente. Este é um processo contínuo de ajuste fino que garante que o canal permaneça relevante e impactante no dinâmico mundo digital.

DESENVOLVENDO UMA VOZ ÚNICA

A criação de uma voz única é essencial para distinguir o seu podcast no mercado atual. Essa voz, que vai além do timbre vocal em si, reflete a personalidade do apresentador e ressoa com o público-alvo identificado anteriormente. Desenvolver uma voz única envolve a combinação harmoniosa de estilo de apresentação, escolha de conteúdo e interação com os ouvintes.

O primeiro passo para desenvolver essa voz singular é definir claramente o tom do podcast. Isso pode variar desde um tom mais informal e conversacional até um mais formal e informativo, dependendo do público e do tema tratado. Por exemplo, podcasts destinados a profissionais da área jurídica podem beneficiar-se de um tom mais sério e direto, enquanto um canal sobre cultura pop pode explorar um estilo mais descontraído e humorístico. A definição do tom correto é fundamental, pois estabelece a expectativa dos ouvintes e molda a forma como o conteúdo é recebido. É recomendado que essa definição seja feita de forma natural, em harmonia com o perfil de quem apresenta, para que não se torne algo forçado ou artificial, mantendo a autenticidade e a conexão com o público.

Além do tom, a autenticidade é crucial para a construção de uma conexão genuína com os ouvintes. Isso significa ser transparente sobre as motivações por trás do podcast e mostrar consistência em suas opiniões e narrativas. A autenticidade fortalece a confiança dos espectadores, fazendo com que eles se sintam parte de uma comunidade exclusiva. Ser honesto sobre as próprias experiências, compartilhar histórias pessoais e admitir erros são maneiras eficazes de construir essa confiança e gerar conexão com o público.

Outro elemento importante na definição da voz do seu podcast é a escolha das histórias contadas ou dos temas abordados. Cada episódio deve refletir os valores e interesses tanto dos criadores quanto do público, criando um conteúdo que seja ao mesmo tempo relevante e envolvente. Utilizar exemplos reais, entrevistar convidados que são autoridades em seus campos e incorporar feedback dos ouvintes são técnicas que podem ajudar a moldar essa voz. É essencial manter o conteúdo alinhado com as expectativas e interesses do público-alvo, garantindo que cada episódio ofereça valor e mantenha a audiência engajada.

A interação regular com o público através de diferentes plataformas digitais não só ajuda a ajustar o conteúdo às preferências dos ouvintes como também fortalece a sua voz única. Responder comentários, realizar enquetes sobre temas futuros e incentivar discussões nas redes sociais são práticas recomendadas para quem deseja manter seu público engajado e expandir sua base de ouvintes fiéis. Essa interação contínua cria um senso de comunidade e pertencimento entre os espectadores, tornando-os mais propensos a se tornarem defensores leais do podcast.

Manter a consistência na apresentação também é vital nesse processo. Isso inclui a regularidade na publicação de episódios, a manutenção de um formato reconhecível e talvez a utilização de uma assinatura sonora ou musical que identifique o podcast. A consistência ajuda a criar uma identidade clara e memorável, facilitando o reconhecimento e a fidelização por parte do público.

Apesar da importância da consistência, é igualmente importante ser flexível e estar aberto à inovação. O cenário dos podcasts está em constante evolução, e adaptar-se às novas tendências e feedback dos ouvintes pode ajudar a manter o conteúdo relevante. Experimentar novos formatos, temas ou estilos de apresentação pode atrair novos públicos e revitalizar o interesse da audiência existente.

Em síntese, desenvolver uma voz única para seu podcast envolve entender profundamente seu público-alvo, escolher cuidadosamente o conteúdo apresentado e interagir constantemente com os ouvintes para criar uma marca inconfundível no universo dos podcasts. A combinação de um tom bem definido, autenticidade, escolha criteriosa de conteúdo, interação contínua e consistência na apresentação são fundamentais na construção de uma audiência fiel e engajada.

CONSISTÊNCIA E QUALIDADE

A consistência e a qualidade do conteúdo são partes essenciais para o sucesso de qualquer podcast. Esses dois elementos mantêm os ouvintes envolvidos e estabelecem a credibilidade do criador de conteúdo. A consistência refere-se à regularidade com que o conteúdo é publicado e à manutenção de um padrão temático e estilístico ao longo dos episódios. Já a qualidade diz respeito à profundidade, precisão e apresentação do conteúdo.

Para garantir a consistência, é essencial desenvolver um calendário editorial detalhado que delineie os temas a serem abordados em cada episódio e as datas de publicação. Isso não só ajuda na organização prévia, como também permite aos espectadores saberem quando esperar novos conteúdos, criando uma expectativa regular. A consistência na publicação constrói confiança e hábito nos ouvintes, tornando-se um dos pilares para a fidelização da audiência. Além disso, manter uma linha temática coerente ao longo dos episódios fortalece a identidade do podcast e facilita que o público estabeleça uma conexão duradoura com o programa.

Em relação à qualidade, é crucial investir tempo na pesquisa e verificação dos fatos para assegurar que todas as informações compartilhadas sejam confiáveis e bem fundamentadas. Utilizar fontes respeitáveis e citar especialistas relevantes no campo de discussão pode elevar significativamente a percepção de valor por parte dos ouvintes, fortalecendo a autoridade do apresentador. A precisão das informações não só evita erros, mas também estabelece o podcast como uma fonte confiável de conteúdo. Além disso, a qualidade técnica da gravação não pode ser negligenciada. Uma boa qualidade de som e imagem pode fazer a diferença entre um podcast amador e um profissional. Equipamentos adequados e técnicas de edição refinadas são importantes para proporcionar uma experiência auditiva agradável.

Outro aspecto importante para manter a alta qualidade é observar os feedbacks e comentários da audiência. Isso pode ser feito por meio de pesquisas online, observação dos comentários nas plataformas de streaming ou interações nas redes sociais. Ouvir o público ajuda a ajustar o conteúdo com base nas suas preferências, assim como demonstra que os criadores valorizam suas opiniões, fortalecendo o engajamento. Incorporar sugestões e responder críticas construtivas pode enriquecer o conteúdo e tornar o podcast mais alinhado com as expectativas da audiência.

Manter o equilíbrio entre consistência e qualidade exige planejamento cuidadoso, atenção aos detalhes e um compromisso contínuo com a excelência. Estabelecer uma rotina de revisão e aprimoramento do conteúdo pode ajudar a manter os padrões elevados. A busca por inovação e melhoria contínua também é vital para manter o podcast relevante e interessante.

Em resumo, equilibrar consistência e qualidade exige planejamento cuidadoso, atenção aos detalhes e um compromisso contínuo com a excelência. Ao priorizar esses aspectos, os criadores de podcasts podem construir uma base leal de ouvintes enquanto destacam seu trabalho no competitivo mercado atual. A dedicação a esses princípios não só alicerça a longevidade de um podcast, mas também contribui para seu crescimento e reconhecimento como uma fonte de conteúdo valiosa e respeitável.

CAPÍTULO 3

Estratégias de Engajamento

OUVINTES ENVOLVIDOS

A capacidade de manter os ouvintes envolvidos durante todo o podcast é crucial para o sucesso a longo prazo de qualquer programa. Essa habilidade não só aumenta a retenção de audiência, mas também fortalece a conexão entre o apresentador e seus ouvintes, criando uma base fiel de seguidores. Exploraremos aqui algumas técnicas que podem ser implementadas para capturar e manter a atenção dos ouvintes.

Primeiramente, a utilização de uma narrativa envolvente é fundamental. Histórias pessoais, casos intrigantes ou curiosidades relevantes podem transformar um episódio comum em uma experiência memorável. A chave está em escolher histórias que não apenas se conectem tematicamente com o conteúdo do podcast, mas que também ressoem emocionalmente com o público-alvo. Isso pode ser alcançado por meio da identificação dos interesses e desejos do público, adaptando as narrativas para tocar diretamente nessas áreas.

Outra técnica eficaz é a interação direta com os ouvintes. Isso pode ser feito por meio de perguntas abertas durante o episódio, incentivando os ouvintes a pensar e formular suas próprias opiniões sobre o tema discutido. Além disso, promover a participação do público por meio de plataformas como redes sociais ou aplicativos específicos pode aumentar significativamente o engajamento. Por exemplo, realizar enquetes sobre quais temas eles gostariam de ouvir nos próximos episódios ou avaliar os feedbacks e comentários sobre discussões anteriores são maneiras envolventes que fazem os ouvintes se sentirem parte do processo criativo.

Manter a consistência tanto na qualidade quanto na programação dos episódios ajuda na construção de um hábito na rotina dos ouvintes. Saber que podem contar com novo conteúdo regularmente cria uma expectativa positiva e um compromisso contínuo com o podcast.

Integrar novos elementos também enriquece significativamente a experiência com o podcast. Complementar o conteúdo com vídeos, infográficos ou slides durante a transmissão pode ajudar na compreensão dos tópicos abordados e tornar o conteúdo mais acessível e atrativo. Essa estratégia é particularmente útil quando se discutem temas complexos que beneficiam de visualizações claras para melhor entendimento.

STORYTELLING NO PODCASTING

O storytelling é uma ferramenta poderosa no podcasting, capaz de transformar a entrega de conteúdo em uma jornada envolvente que captura e mantém a atenção dos ouvintes. O termo nada mais é do que a arte de contar histórias, que não apenas entretém, mas também facilita a conexão emocional, tornando o conteúdo mais pessoal e memorável.

A escolha da história correta é crucial. Deve-se buscar narrativas que se alinhem com o tema central do podcast e ressoem com os interesses do público-alvo. Por exemplo, um podcast sobre inovação tecnológica poderia compartilhar histórias de inventores desconhecidos cujas invenções mudaram o mundo discretamente. Essas histórias não apenas educam, mas também inspiram os ouvintes, incentivando-os a retornar para mais episódios.

A estrutura da narrativa desempenha um papel fundamental. Uma boa história no podcasting geralmente segue uma clara arcada dramática: introdução do contexto e dos personagens, desenvolvimento com crescimento da tensão ou antecipação, culminando em um clímax impactante seguido por uma conclusão satisfatória. Esta estrutura ajuda na criação de suspense e na construção de expectativa, elementos que garantem que os ouvintes permaneçam engajados até o final do episódio.

A personalização das histórias também é uma técnica valiosa. Contar experiências pessoais ou adaptar as histórias para incluir detalhes específicos sobre a audiência pode fazer com que os ouvintes se sintam parte da narrativa. Por exemplo, ao discutir tópicos complexos como ciência ou economia, humanizar o conteúdo por meio de anedotas relacionáveis pode ajudar na compreensão e aumentar a relevância percebida pelo público.

Por fim, é essencial considerar o ritmo da narração. Um bom storyteller sabe quando acelerar o ritmo para criar excitação ou quando desacelerá-lo para dar ênfase a pontos críticos. No ambiente do podcasting, onde a voz é o principal meio de comunicação, variar o tom e o ritmo pode influenciar significativamente como a história é recebida e retida pelos ouvintes.

INTERAÇÃO COM OUVINTES

A interação com os ouvintes é outro componente vital para o crescimento e aprimoramento de qualquer podcast. Utilizando os feedbacks recebidos, os criadores podem entender melhor as preferências de sua audiência, ajustar conteúdos e formatos, além de criar uma comunidade engajada. Este processo não apenas melhora a qualidade geral do podcast, mas também fortalece a relação entre ouvintes e produtores.

O primeiro passo para uma interação eficaz envolve estabelecer canais de comunicação acessíveis. Redes sociais, e-mails e plataformas de mensagens instantâneas são ferramentas úteis que facilitam esse contato direto. Além disso, muitos podcasts incorporam sessões de perguntas e respostas ao vivo ou utilizam comentários em episódios como ponto de partida para discussões futuras.

Outra estratégia importante é incentivar os ouvintes a deixarem avaliações e comentários nas plataformas de streaming. Essas avaliações não só fornecem um retorno valioso sobre o que está funcionando bem ou precisa ser melhorado, como também ajudam na visibilidade do podcast em sistemas de recomendação algorítmica.

Para tornar o feedback mais estruturado e, consequentemente, mais útil, alguns criadores optam por realizar pesquisas periódicas com sua base de ouvintes. Estas podem incluir questões sobre temas preferidos, sugestões de tópicos futuros ou até mesmo opiniões sobre a frequência e duração dos episódios. As respostas obtidas permitem aos produtores adaptar seu conteúdo às expectativas e necessidades da audiência.

Criar eventos exclusivos para fãs pode ser uma excelente forma de aumentar o engajamento. Encontros virtuais ou presenciais, webinars temáticos e grupos fechados em redes sociais são exemplos de atividades que podem aproximar ainda mais os ouvintes do universo do podcast.

Por fim, é essencial que os produtores sejam transparentes quanto ao uso das informações coletadas por meio desses feedbacks. Comunicar claramente como as sugestões estão sendo implementadas demonstra respeito pelo tempo dos ouvintes e por suas contribuições, incentivando ainda mais a participação ativa da comunidade.

A adoção dessas práticas não apenas enriquece a experiência dos ouvintes, mas também transforma o processo criativo dos podcasts em uma jornada colaborativa entre criadores e público. Essa abordagem permite que os produtores se mantenham alinhados com as expectativas e desejos de sua audiência, criando um ciclo contínuo de aprimoramento e engajamento. Ao valorizar e incorporar as sugestões dos ouvintes, os criadores demonstram um compromisso com a excelência e com a construção de uma comunidade sólida e participativa, fortalecendo a longevidade e o sucesso do podcast.

CAPÍTULO 4

Promoção e Marketing Digital

Estratégias de Promoção nas Redes Sociais

A promoção eficaz de conteúdo em redes sociais é crucial para o sucesso e a visibilidade de qualquer podcast. Aqui, vamos explorar algumas estratégias que podem ser utilizadas para maximizar o alcance e engajar o público-alvo, transformando ouvintes ocasionais em seguidores fiéis.

Primeiramente, é essencial identificar as plataformas onde seu público-alvo está mais presente e adaptar estrategicamente o conteúdo para maximizar o engajamento e o alcance.

No Instagram, por exemplo, a criação de posts visualmente atraentes é essencial. Utilize imagens de qualidade, gráficos ou até mesmo vídeos curtos que capturam a essência do seu podcast. Combine essas imagens com legendas envolventes que não apenas descrevem o conteúdo, mas também intrigam os seguidores a querer saber mais. Hashtags relevantes ajudam a ampliar o alcance desses posts, conectando seu conteúdo com um público mais amplo interessado nos temas que você aborda. A utilização de cortes para publicação nos reels é outra forma de explorar o potencial da plataforma, que trataremos com maior profundidade no capítulo dedicado a este tema.

No Facebook, vídeos ao vivo são uma ferramenta poderosa para engajar seu público. Eles permitem interações em tempo real, como perguntas e comentários dos espectadores, criando uma conexão imediata e pessoal. Considere utilizar os vídeos ao vivo para discutir temas relevantes do seu podcast, realizar entrevistas com convidados especiais ou simplesmente para interagir diretamente com sua comunidade de ouvintes. Um calendário editorial bem planejado ajuda a manter a consistência e a evitar saturar seus seguidores. Determine uma frequência de postagens que seja sustentável para você e que mantenha o interesse do público ao longo do tempo.

Além de postagens regulares, considere também estratégias como parcerias com influenciadores digitais que compartilhem interesses semelhantes ao seu podcast. Essas colaborações podem ajudar a alcançar novos públicos e fortalecer a credibilidade de seu conteúdo. Promoções e sorteios exclusivos para seguidores das redes sociais são outra maneira eficaz de incentivar o engajamento e atrair novos ouvintes.

Lembre-se sempre de monitorar e analisar os resultados das suas estratégias. As ferramentas analíticas das próprias plataformas oferecem insights valiosos sobre o desempenho das suas postagens, como o horário de maior engajamento, tipos de conteúdo mais populares e demografia dos seus seguidores. Use esses dados para ajustar continuamente sua abordagem e otimizar suas campanhas de promoção de conteúdo.

SEO: Melhorando a Visibilidade Online

SEO (Search Engine Optimization), ou Otimização para Mecanismos de Busca, é essencial para aumentar a visibilidade e atrair mais ouvintes para seu podcast. Com o crescimento exponencial do consumo de podcasts, destacar-se na multidão tornou-se um desafio que demanda estratégias específicas e eficazes.

Primeiramente, é crucial entender que o SEO para podcasts começa com a escolha cuidadosa de palavras-chave relacionadas ao tema tratado. Essas palavras-chave devem ser incorporadas no título, descrição e até nos nomes dos episódios do podcast. Ferramentas como Google Keyword Planner e SEMrush podem ajudar a identificar as melhores palavras-chave que seu público-alvo está pesquisando.

A transcrição completa dos episódios é uma prática que beneficia significativamente o SEO. Ao disponibilizar transcrições, você não apenas torna seu conteúdo acessível para mais pessoas, incluindo aquelas com deficiência auditiva, mas também permite que os motores de busca indexem mais conteúdo textual relevante associado ao seu podcast.

Outro ponto importante é a promoção cruzada em diferentes plataformas digitais. Divulgar episódios através de redes sociais, blogs e newsletters não só ajuda a alcançar um público maior, mas também contribui para o SEO ao gerar tráfego adicional para os sites onde os podcasts estão hospedados.

Avaliar regularmente o desempenho do seu podcast por meio de ferramentas analíticas pode fornecer insights valiosos sobre como melhorar suas estratégias de SEO. Plataformas como Google Analytics permitem monitorar as fontes de tráfego, comportamento dos usuários e eficácia das palavras-chave utilizadas.

Parcerias Estratégicas e Colaborações

No contexto do marketing digital, a formação de parcerias estratégicas e colaborações representa uma tática fundamental para ampliar o alcance das empresas, compartilhar recursos e otimizar estratégias promocionais. Essas alianças podem ser estabelecidas com diversos tipos de entidades, como empresas, influenciadores digitais, instituições de ensino e organizações sem fins lucrativos.

O sucesso de uma colaboração começa com a cuidadosa seleção de parceiros que compartilham valores semelhantes ou cujos produtos tenham sinergia com o conteúdo do podcast. Por exemplo, uma marca de roupas esportivas pode associar-se a um podcast focado em fitness para desenvolver campanhas conjuntas que promovam ambos simultaneamente, como uma linha de camisetas temática do programa. Essa sinergia não apenas aumenta a visibilidade das marcas envolvidas, mas também agrega valor ao público-alvo por meio da combinação de ofertas.

Além de fortalecer a visibilidade da marca, as parcerias estratégicas podem abrir novas oportunidades de mercado. Por exemplo, uma startup de produtos tecnológicos pode colaborar com um podcast de inovação para introduzir suas soluções inovadoras aos ouvintes interessados no tema. Essa colaboração permite que ambas as partes compartilhem insights sobre preferências locais e práticas comerciais, reduzindo os riscos e custos associados à publicidade, além de aumentar a penetração da marca em públicos identificados com seu segmento.

A tecnologia desempenha um papel crucial nessas parcerias modernas. Ferramentas digitais como plataformas de co-branding e softwares de gestão colaborativa são ótimas opções para coordenar atividades promocionais e monitorar o desempenho das campanhas conjuntas. Além disso, dados coletados através desses canais fornecem informações valiosas sobre comportamentos do consumidor, facilitando a adaptação e melhoria contínua das estratégias de marketing.

O sucesso destas ações passa pela manutenção de uma comunicação clara e constante entre os parceiros. Reuniões regulares, relatórios detalhados e feedback contínuo são essenciais para resolver problemas rapidamente e ajustar planos conforme necessário.

Em resumo, as parcerias estratégicas no marketing digital não apenas expandem o alcance das marcas, mas também enriquecem a oferta ao cliente final através da integração harmoniosa entre os parceiros. Quando conduzidas de maneira eficaz, essas colaborações resultam em um crescimento significativo para todas as partes envolvidas.

CAPÍTULO 5

Monetizando seu Podcast

EXPLORANDO MODELOS DE PATROCÍNIO

A monetização por meio de patrocínios representa uma das estratégias mais eficazes e comuns para podcasters que buscam gerar receita a partir de seus conteúdos. Esta abordagem não apenas estabelece uma fonte direta de renda, mas também cultiva parcerias estratégicas entre o podcaster e marcas ou empresas interessadas em alcançar seu público-alvo de forma assertiva. Dominar os diferentes modelos de patrocínio é essencial para maximizar o potencial lucrativo do seu podcast.

Patrocínio por Episódio: Um dos modelos mais tradicionais é o patrocínio por episódio, onde uma marca paga uma taxa fixa para ser mencionada durante o podcast. Isso frequentemente inclui a inserção de anúncios no início, meio ou fim do episódio. Este modelo é valorizado por sua simplicidade e pela previsibilidade de receita que oferece, sendo ideal para podcasts com audiências estáveis e bem definidas.

Patrocínio Baseado em Desempenho: Outra abordagem é o patrocínio baseado em desempenho, que vincula a compensação ao número de interações dos ouvintes com o anúncio ou código promocional apresentado no podcast. Esse modelo pode ser particularmente lucrativo para podcasts com um público altamente engajado, pois incentiva o produtor a criar conteúdo que estimule a participação dos ouvintes, aumentando as métricas de engajamento atrativas para os anunciantes.

Patrocínio Integrado: Existe também o modelo de patrocínio integrado, onde os produtos ou serviços da marca são incorporados organicamente ao conteúdo do podcast. Isso pode incluir discussões detalhadas sobre um produto, entrevistas com especialistas da marca ou episódios especiais dedicados ao patrocinador. Esse tipo de patrocínio é frequentemente percebido como menos intrusivo pelo público e pode fortalecer a credibilidade tanto do podcaster quanto da marca associada.

Para explorar efetivamente esses modelos, é crucial que os podcasters desenvolvam uma compreensão profunda de seu público-alvo e criem pacotes de patrocínio que destaquem os pontos fortes e a especificidade de sua audiência. Manter uma comunicação clara e transparente com potenciais patrocinadores sobre expectativas e resultados reais é fundamental para construir relações duradouras e mutuamente benéficas.

Em síntese, explorar diferentes modelos de patrocínio permite aos criadores de podcasts diversificar suas fontes de receita ao mesmo tempo em que oferecem valor significativo aos parceiros comerciais. Com estratégias bem planejadas e implementadas de maneira eficaz, os patrocínios têm o potencial de transformar de forma rápida e significativa a viabilidade financeira dos projetos.

PUBLICIDADE DIRETA E INDIRETA

A publicidade em podcasts pode ser categorizada em duas formas principais: direta e indireta. A publicidade direta ocorre quando o podcast apresenta explicitamente produtos ou serviços através de anúncios que interrompem o conteúdo regular para uma mensagem do patrocinador. Esses anúncios são frequentemente pré-gravados ou lidos pelo próprio apresentador, estabelecendo um vínculo de confiança entre o ouvinte e a marca anunciada.

Por outro lado, a publicidade indireta é mais sutil e integrada organicamente ao conteúdo do podcast. Isso pode incluir menções discretas ao produto durante a discussão, recomendações pessoais feitas pelo apresentador ou inserções de conteúdo que se alinham naturalmente aos interesses da marca patrocinadora sem interromper a fluidez do programa. Esse tipo de publicidade é valorizado por sua capacidade de oferecer uma experiência menos intrusiva para o ouvinte, mantendo a integridade do conteúdo.

Para implementar eficazmente a publicidade direta, é fundamental que os criadores escolham parceiros comerciais alinhados com os valores e interesses do seu público-alvo. Isso aumenta a relevância dos anúncios aos ouvintes e consequentemente a eficácia das campanhas publicitárias. Além disso, formatos como anúncios no início ou no meio do episódio podem ser testados para determinar qual gera maior engajamento.

No contexto da publicidade indireta, é essencial que os criadores de conteúdo mantenham transparência sobre suas parcerias comerciais. Discutir abertamente colaborações com marcas pode fortalecer a confiança dos ouvintes e validar a integridade editorial do podcast. Integrar conteúdo patrocinado de maneira que complemente o tema tratado também contribui para uma percepção positiva da marca pelos consumidores.

Em resumo, enquanto a publicidade direta proporciona uma fonte clara e mensurável de receita através de anúncios explícitos, a publicidade indireta pode fortalecer relacionamentos duradouros com marcas pela integração fluida e contextualizada no conteúdo oferecido. Ambas as estratégias exigem um entendimento do público-alvo para maximizar o impacto e os resultados gerados.

DIVERSIFICAÇÃO DAS FONTES DE RENDA

A diversificação das fontes de receita é fundamental para garantir a sustentabilidade financeira de qualquer podcast. Além da publicidade direta e indireta, existem várias outras maneiras pelas quais os criadores podem gerar renda, criando um fluxo financeiro mais estável e menos dependente de uma única fonte.

Assinaturas Premium: Um dos modelos mais populares é o de assinaturas ou memberships, onde os ouvintes pagam uma taxa recorrente para acessar conteúdos exclusivos, episódios antecipados ou merchandising personalizado. Plataformas como Patreon são amplamente utilizadas para gerenciar essas contribuições, oferecendo diferentes níveis de recompensas que incentivam contribuições financeiras mais substanciais dos fãs.

Eventos ao Vivo ou Virtuais: Outra abordagem eficaz é a realização de eventos ao vivo ou virtuais. Podcasts com uma base fiel de ouvintes podem organizar encontros, workshops ou palestras que ofereçam experiências únicas além do ambiente digital. Esses eventos não apenas aumentam a receita com a venda de ingressos, mas também fortalecem a comunidade em torno do podcast.

Venda de Produtos: A venda de produtos relacionados ao tema do podcast também representa uma excelente oportunidade de monetização. Desde itens como camisetas e canecas até cursos online e livros eletrônicos, produtos bem alinhados com o público do podcast podem gerar vendas significativas, ao mesmo tempo em que promovem a marca e ampliam sua visibilidade.

Licenciamento de Conteúdo: Por fim, o licenciamento de conteúdo para outras mídias é uma área promissora. Podcasts bem-sucedidos podem adaptar seus episódios para formatos como livros, séries de televisão ou filmes, abrindo novas fontes de receita e alcançando audiências mais amplas.

Parcerias Estratégicas: Como já abordado, parcerias estratégicas com outras marcas ou influenciadores também podem ser altamente lucrativas. Colaborações em campanhas cruzadas ou conteúdos co-produzidos permitem que ambos os parceiros ampliem seu alcance

Capítulo 6

Legalidades e Ética no Podcasting

DIREITOS AUTORAIS E USO JUSTO

A compreensão dos direitos autorais é crucial para qualquer podcaster que deseje utilizar conteúdo protegido em seus episódios sem infringir a lei. Os direitos autorais são leis destinadas a proteger a expressão original de ideias, incluindo obras literárias, musicais, dramáticas e artísticas. No contexto do podcasting, isso significa que músicas, clipes de filmes, trechos de livros ou qualquer outro material sujeito a direitos autorais só podem ser utilizados com permissão explícita do detentor dos direitos.

Entretanto, existe uma exceção importante conhecida como "uso justo", que permite o uso limitado de material protegido por direitos autorais sem necessidade de permissão. O uso justo é determinado por uma análise caso a caso, levando em conta fatores como o propósito e o caráter do uso (educacional ou comercial), a natureza da obra protegida, a quantidade e substancialidade da parte utilizada em relação à obra completa e o impacto do uso no valor ou potencial mercado da obra original.

Para os podcasters, entender as nuances do uso justo pode ser um diferencial. Por exemplo, usar uma curta faixa de música para introduzir um segmento pode ser considerado uso justo se for feita uma análise crítica ou educativa dessa música dentro do mesmo segmento. Contudo, simplesmente tocar música de fundo durante todo o podcast provavelmente não se qualificaria como uso justo.

É essencial estar ciente das diferenças entre as leis de direitos autorais em diferentes países. Enquanto alguns princípios são amplamente aceitos internacionalmente através de tratados como o Acordo sobre Aspectos dos Direitos de Propriedade Intelectual Relacionados ao Comércio (TRIPS), as especificidades podem variar significativamente. Isso é especialmente relevante para podcasters cujo conteúdo alcança audiências globais.

Vale ressaltar que violações dos direitos autorais podem resultar em consequências legais sérias, incluindo processos judiciais e multas substanciais. Portanto, é prudente para os criadores de podcasts buscar orientação legal adequada ou optar por conteúdo licenciado ou livre de royalties sempre que possível para evitar tais riscos. Muitas vezes, produtoras e estúdios especializados também oferecem suporte aos seus clientes nesse aspecto, ajudando a garantir o uso legal e adequado de material protegido por direitos autorais.

PRIVACIDADE DOS CONVIDADOS E CONSENTIMENTO

A privacidade dos convidados e o consentimento são fundamentais no podcasting, garantindo a ética e a conformidade legal das produções. Este tópico explora a importância de respeitar a privacidade dos entrevistados e obter consentimentos claros antes da gravação e divulgação de conteúdo.

Primeiramente, é crucial entender que qualquer gravação de conversas requer o consentimento explícito de todas as partes envolvidas. No contexto de um podcast, isso significa que os convidados devem estar cientes não apenas de que estão sendo gravados, mas também de como essas gravações serão utilizadas. Isso inclui onde o material será divulgado e se haverá alguma edição antes da publicação.

É importante discutir com os convidados sobre quaisquer temas sensíveis que possam surgir durante a entrevista. Deve-se garantir que se sintam confortáveis com os assuntos abordados e confirmar se há tópicos específicos que preferem evitar. Essa prática não só protege a integridade emocional dos participantes como também fortalece a relação de confiança entre eles e o podcaster.

Embora não muito comum, um ponto de atenção é a questão do anonimato, quando solicitado pelo convidado. Em casos em que as discussões possam expor informações pessoais sensíveis ou quando o convidado deseja permanecer anônimo, é fundamental respeitar esses pedidos. Isso pode envolver alterações na voz do convidado ou a omissão de detalhes específicos que possam identificá-lo diretamente.

Vale ressaltar que relatos de casos próximos podem ser adaptados na narrativa sem mencionar nomes reais. Por exemplo, um profissional da área da saúde pode relatar uma situação sem identificar o paciente, usando nomes fictícios ou omitindo detalhes que possam revelar sua identidade a fim de preservar a ética médica.

Recomenda-se sempre ter um documento formalizado, como um termo de consentimento assinado, que esclareça todos esses aspectos mencionados. Esse documento deve ser claro quanto ao uso do material gravado e quaisquer direitos sobre o conteúdo produzido. A transparência nesse processo não apenas garante a conformidade legal, mas também demonstra profissionalismo e respeito pelos participantes do podcast.

RESPONSABILIDADE SOCIAL DO PODCASTER

A responsabilidade social de um podcaster transcende a criação de conteúdo interessante e envolvente; inclui também a conscientização sobre o impacto das suas palavras e temas escolhidos na sociedade. Nesse contexto, é crucial que os podcasters reconheçam seu papel como influenciadores de opinião e formadores de cultura, assumindo a responsabilidade por promover discussões saudáveis e construtivas.

Primeiramente, é fundamental que os criadores estejam atentos à diversidade e à inclusão. Isso implica dar voz a grupos sub-representados ou abordar temas que reflitam as variadas experiências humanas com respeito e profundidade. Ao fazê-lo, não apenas amplia-se o alcance do podcast, mas também se contribui para uma sociedade mais equitativa.

A integridade na gestão das informações é essencial. Os podcasters devem verificar cuidadosamente os fatos antes de compartilhá-los, evitando a disseminação de notícias falsas ou informações distorcidas que possam causar danos ou confusão. A transparência em relação às fontes de informação e a clareza na distinção entre opiniões pessoais e fatos relatados são práticas que fortalecem a credibilidade do podcaster junto à audiência. É sempre recomendado alertar o público quando o posicionamento ou comentário trata de opinião pessoal.

Outro aspecto crucial da responsabilidade social é o compromisso com a ética publicitária. Quando um podcast inclui patrocínios ou anúncios, é importante garantir que os ouvintes estejam plenamente cientes dessa relação comercial. Isso inclui divulgar parcerias com marcas de maneira transparente e selecionar anunciantes cujos valores estejam alinhados aos do podcast.

Considerando o impacto dos podcasts na formação de opiniões e comportamentos, é vital que os produtores desses conteúdos promovam uma cultura de respeito mútuo entre os ouvintes. Isso pode ser incentivado através da moderação ativa nos canais de comunicação do podcast, como redes sociais e plataformas de comentários, garantindo um ambiente seguro para todas as interações.

Ao compreenderem sua influência cultural e social, os podcasters têm o dever ético de agir com integridade e responsabilidade. Essa consciência não apenas eleva a qualidade do conteúdo produzido, mas também contribui significativamente para o desenvolvimento de uma sociedade mais informada e consciente.

CAPÍTULO 7

Crescimento Sustentável

ANÁLISE DE MÉTRICAS PARA CRESCIMENTO

A análise constante de métricas é crucial para o crescimento sustentável de qualquer podcast. Essas métricas não apenas oferecem uma visão do desempenho atual, mas também orientam as estratégias futuras. Compreender quais dados são relevantes e como utilizá-los pode transformar a maneira como um podcaster se conecta com seu público e otimiza seus conteúdos.

O primeiro passo na análise de métricas é identificar os indicadores-chave de desempenho (KPIs) mais pertinentes aos objetivos específicos do podcast. Isso inclui, mas não se limita ao número de visualizações por episódio, tempo médio de visualização, taxa de retenção de ouvintes e crescimento de assinantes. Cada um desses KPIs oferece insights valiosos sobre diferentes aspectos da performance do podcast.

Por exemplo, o número de visualizações por episódio pode indicar a popularidade geral do podcast ou o impacto de campanhas promocionais. Já o tempo médio de escuta revela até que ponto os conteúdos conseguem manter os espectadores engajados. Analisar essas métricas ao longo do tempo ajuda a identificar tendências, avaliar o impacto de mudanças nos episódios e ajustar estratégias conforme necessário.

A utilização de ferramentas analíticas adequadas é crucial nesse processo. Plataformas como Google Analytics, Podtrac e Chartable oferecem recursos avançados que permitem não só coletar dados automaticamente, mas também apresentá-los de forma acessível através de dashboards interativos e relatórios detalhados.

Contar com o apoio de estúdios e produtores especializados pode facilitar significativamente a análise de métricas. Profissionais especializados não apenas ajudam na implementação e interpretação dos dados, mas também oferecem insights valiosos para melhorar a eficácia das estratégias de crescimento do podcast.

Os podcasters devem integrar a análise de métricas no ciclo regular de planejamento e revisão do podcast, não como uma tarefa isolada, mas como parte fundamental da gestão contínua. Dessa forma, cada decisão pode ser embasada em dados concretos, aumentando as chances de sucesso no competitivo mercado dos podcasts.

RETENÇÃO DE AUDIÊNCIA

A retenção de audiência é um indicador crucial para a sustentabilidade de um podcast, demonstrando não apenas a habilidade de manter ouvintes, mas também a qualidade percebida e relevância do conteúdo. Estratégias eficazes de retenção podem transformar ouvintes casuais em seguidores leais, proporcionando uma base sólida para o crescimento contínuo do podcast.

Uma técnica comprovadamente eficaz é a personalização do conteúdo. Isso envolve entender profundamente as preferências dos ouvintes através de análises detalhadas de dados e feedback direto. Por exemplo, podcasts que adaptam seus temas e abordagens para melhor atender as expectativas específicas de sua audiência geralmente experimentam taxas mais altas de retenção. Um exemplo prático seria um podcast sobre tecnologia que ajusta seu foco entre desenvolvedores de software e entusiastas de gadgets, conforme a análise dos dados mostra variações significativas no interesse e engajamento desses grupos.

A consistência na qualidade do conteúdo e na frequência de publicação desempenha um papel crucial na retenção. Podcasts que mantêm um padrão elevado de produção e seguem um cronograma regular são mais propensos a manter uma base de ouvintes engajados ao longo do tempo. Por exemplo, podcasts de notícias que oferecem atualizações diárias ou semanais em horários previsíveis tendem a cultivar uma audiência fiel que incorpora o podcast em sua rotina regular de consumo de mídia.

Outro ponto já abordado é a questão do engajamento ativo, que também se faz vital neste processo. Isso pode incluir a participação ativa em plataformas sociais, como respondendo a comentários, interagindo em debates relacionados aos episódios e até mesmo conduzindo enquetes para ajudar a moldar o conteúdo futuro. Por exemplo, um podcast sobre cinema que regularmente interage com seu público no Twitter para discutir novos lançamentos e opiniões de filmes pode criar uma comunidade mais envolvida e, portanto, mais propensa a retornar regularmente para novos episódios.

Oferecer incentivos exclusivos para ouvintes frequentes é outra estratégia poderosa de retenção. Isso pode incluir acesso antecipado a conteúdos especiais, como episódios bônus ou entrevistas exclusivas com convidados. Por exemplo, um podcast de entrevistas poderia oferecer aos seus assinantes mais dedicados a oportunidade de enviar perguntas para entrevistas ao vivo antes do público geral.

A retenção de audiência requer uma abordagem estratégica que combine análise detalhada de dados com ações consistentes e personalizadas para construir e manter um público fiel.

BASES PARA O CRESCIMENTO

Expandir o alcance de um podcast além da sua região inicial de origem é um processo essencial para aumentar a audiência e diversificar os temas abordados. Mesmo começando localmente, os produtores de podcasts têm a oportunidade de crescer significativamente e atrair ouvintes de diferentes partes do mesmo país.

Para alcançar esse objetivo, é fundamental conhecer primeiramente seu público e mercado local e, posteriormente, realizar uma pesquisa detalhada sobre as preferências culturais, linguísticas e de consumo de mídia de outros públicos e regiões que compartilhem do mesmo interesse. Com essa compreensão, os podcasters podem adaptar seus conteúdos para abranger novos mercados e atender aos interesses específicos de cada localidade, aumentando assim o engajamento dos ouvintes.

Estabelecer parcerias estratégicas com criadores de conteúdo locais pode ampliar significativamente a visibilidade do podcast. Colaborar com influenciadores regionais, participar de eventos comunitários ou aparecer em programas de rádio locais são formas eficazes de atrair novos ouvintes que já estão familiarizados com esses criadores e plataformas.

Investir em marketing direcionado também desempenha um papel crucial na expansão. Utilizar estratégias adaptadas para cada região, como publicidade em mídias locais, patrocínios de eventos comunitários e otimização de palavras-chave em plataformas de distribuição de podcasts, pode aumentar a conscientização e o alcance do podcast.

Engajar-se ativamente com a comunidade de ouvintes é outro aspecto que pode ser abordado. Incentivar o feedback dos ouvintes, responder aos comentários nas redes sociais e plataformas de podcasts, realizar enquetes sobre temas futuros e incorporar sugestões dos ouvintes são maneiras eficazes de construir uma base de fãs identificada com seu conteúdo.

Enquanto se concentram na expansão, os produtores de podcasts acumulam experiência valiosa em adaptação cultural, networking regional e análise de mercado. Essas habilidades não apenas fortalecem a posição do podcast no mercado, mas também preparam o caminho para uma eventual expansão internacional, baseada em uma base sólida de sucesso e aprendizado.

CAPÍTULO 8

Uso de Cortes em Podcasts

SELECIONANDO TRECHOS IMPACTANTES

Dominar a arte de selecionar trechos que possuam a capacidade de atrair a atenção ao seu podcast é essencial para transmitir sua essência e atrair rapidamente novos ouvintes. Esses trechos não são apenas momentos destacados; eles funcionam como portas de entrada para o conteúdo mais profundo e envolvente do podcast, capazes de manter o interesse dos ouvintes atuais e potenciais.

Para identificar esses trechos, é crucial começar a entender profundamente quem é o público-alvo do podcast. Isso significa não apenas conhecer seus interesses temáticos, mas também compreender suas emoções e valores culturais que os conectam ao conteúdo. Por exemplo, em um podcast sobre inovação tecnológica, destacar debates éticos sobre inteligência artificial pode atrair ouvintes interessados em temas contemporâneos e suas implicações sociais.

Os trechos selecionados devem oferecer algo valioso, seja uma história pessoal convincente que ilustra um ponto crucial, seja uma explicação clara de um conceito complexo. Esses momentos não apenas informam, mas também geram compartilhamento, aumentando a viralidade do conteúdo através das redes sociais e outras plataformas. Muitas vezes, são esses conteúdos virais que elevam rapidamente o patamar de um podcast.

A análise de dados desempenha um papel fundamental na seleção desses trechos. Ao examinar métricas de engajamento de episódios e cortes anteriores, os produtores podem identificar quais partes foram mais eficazes em manter os ouvintes envolvidos. Combinando dados analíticos com intuição editorial, é possível refinar continuamente a escolha dos trechos mais impactantes, adaptando-se às preferências do público ao longo do tempo.

É essencial considerar o contexto em que esses trechos serão usados. Seja para promover um novo episódio, criar teasers para futuros conteúdos ou compilar momentos temáticos, cada aplicação requer uma abordagem estratégica na seleção e edição dos trechos para maximizar seu impacto e relevância. Selecionar trechos impactantes vai além de simplesmente destacar momentos marcantes; é uma habilidade que combina conhecimento profundo do público-alvo, análise meticulosa de dados e sensibilidade editorial para capturar verdadeiramente o melhor que um podcast tem a oferecer e atrair uma audiência engajada e fiel.

DISTRIBUIÇÃO ESTRATÉGICA DE CORTES

Após a cuidadosa seleção dos trechos, a distribuição estratégica desses cortes é crucial para garantir que eles alcancem o máximo de ouvintes e gerem influência significativa. Esta seção explora como os criadores podem otimizar a distribuição dos cortes para ampliar sua audiência e engajamento de maneira eficaz.

É essencial começar identificando as plataformas onde o público-alvo do podcast é mais ativo. Redes sociais como Twitter, Instagram, Facebook e TikTok oferecem formatos variados que podem ser explorados para compartilhar esses trechos. Por exemplo, no

Instagram, os cortes podem ser transformados em vídeos curtos ou stories, enquanto no Twitter, incorporá-los em tweets com hashtags relevantes pode maximizar sua visibilidade.

Além da escolha das plataformas, a temporalidade da distribuição dos cortes é um fator crucial. Publicar trechos logo após o lançamento de um episódio pode gerar um pico inicial de interesse e impulsionar a promoção do episódio completo, enquanto republicar esses mesmos cortes semanas ou meses depois pode reavivar o interesse por tópicos anteriores, capturando a atenção de novos ouvintes que não acompanharam o lançamento inicial.

O TikTok merece aqui um destaque especial, pois emergiu como uma plataforma poderosa para compartilhar o conteúdo de um podcast de forma criativa e engajadora. Criadores podem editar trechos de seus episódios para se alinhar com tendências atuais do TikTok, como desafios virais e memes. Por exemplo, transformar um trecho engraçado ou emocionante em um vídeo curto que utiliza áudios populares na plataforma pode atrair uma nova audiência e aumentar a viralidade do conteúdo.

Colaborar com outros podcasters ou influenciadores digitais também pode ampliar significativamente o alcance dos cortes selecionados. Compartilhar trechos entre diferentes públicos não só expande o alcance, mas também adiciona validação social ao conteúdo. Parcerias estratégicas permitem que os trechos atinjam nichos específicos de mercado que podem não ser alcançados apenas pela audiência original do podcast.

Não podemos esquecer que a análise contínua do desempenho dos cortes distribuídos é sempre a peça fundamental. As ferramentas analíticas fornecem dados valiosos sobre quais tipos de cortes geram mais engajamento ou são mais compartilhados nas redes sociais. Essas informações são essenciais para ajustar futuras estratégias de distribuição e garantir que cada corte seja utilizado da maneira mais eficaz possível. A distribuição estratégica dos cortes selecionados envolve não apenas escolher os canais certos e os melhores formatos, mas também compreender o timing ideal e explorar parcerias estratégicas, além de observar sempre a melhor forma de utilizar plataformas emergentes como o TikTok e Kwai para maximizar seu impacto.

MAXIMIZANDO A RELEVÂNCIA ATRAVÉS DOS CORTES

A arte de maximizar a relevância de um podcast por meio de cortes estratégicos envolve não apenas selecionar trechos, mas também compreender profundamente o que ressoa com o público-alvo. Esta seção explora como os criadores podem utilizar cortes para destacar conteúdos essenciais e aumentar a relevância do podcast no mercado competitivo.

É fundamental começar identificando os momentos mais poderosos e informativos do episódio. Esses pontos devem ser capazes de gerar curiosidade ou oferecer valor significativo em poucos segundos. Por exemplo, um corte que inclui uma revelação surpreendente sobre o tema principal ou uma dica prática que resolve um problema comum pode motivar o ouvinte a explorar o episódio completo em busca de mais insights.

Além da seleção criteriosa, a contextualização dos cortes é crucial para garantir que sejam percebidos como relevantes pelo público. Adaptar a linguagem e os temas dos cortes às preferências do público-alvo é essencial. Neste aspecto, a técnica de storytelling desempenha um papel importante na maximização da relevância. Criar uma narrativa envolvente mesmo em pequenos segmentos pode aumentar significativamente o interesse do ouvinte. Isso pode ser alcançado ao escolher cortes que contenham elementos de suspense, emoção ou humor, alinhados com o tom geral do podcast e o estilo do apresentador.

Medir a resposta do público aos diferentes tipos de cortes é essencial para o refinamento contínuo das técnicas. Analisar métricas como engajamento, compartilhamentos e comentários oferecerá insights valiosos sobre quais abordagens são mais eficazes em capturar e manter a atenção dos ouvintes ao longo do tempo. Todo este processo exige uma combinação cuidadosa de seleção, contextualização, uso de storytelling e estratégias inteligentes de timing e repetição.

Para exemplificar ainda mais o poder dos cortes, vale destacar que hoje existem canais especializados unicamente na edição, produção e divulgação de cortes de outros canais, alguns inclusive com grande relevância e taxas consideráveis de monetização.

CAPÍTULO 9

Criatividade no Conteúdo

INOVAÇÕES NO FORMATO

A evolução dos formatos de podcast tem sido fundamental para o crescimento e diversificação desta mídia. Com a mudança nos hábitos de consumo e o avanço tecnológico, os criadores de podcasts exploram novas maneiras de apresentar suas narrativas e informações, buscando não apenas atender, mas também surpreender e engajar os ouvintes.

Uma das inovações mais disruptivas foi a integração do vídeo aos podcasts tradicionalmente auditivos. Essa transformação permitiu aos produtores explorar elementos visuais para complementar as informações faladas, tornando o conteúdo mais dinâmico e acessível para uma audiência que prefere consumir conteúdo de forma visual. Hoje, plataformas como o YouTube e Spotify oferecem grandes oportunidades de exposição e monetização, ampliando significativamente o alcance dos programas.

Outra tendência emergente são os podcasts interativos, onde os ouvintes podem influenciar o curso da narrativa através de escolhas em tempo real durante a transmissão. Essa abordagem não apenas aumenta o engajamento do público, mas também adiciona um componente de jogo à experiência, proporcionando uma interação personalizada e dinâmica. Imagine um podcast de mistério onde os ouvintes votam em qual pista o detetive deve seguir, moldando o desenrolar da história.

Além disso, a segmentação do conteúdo em formatos mais curtos, conhecidos como 'podsnacks', tem ganhado popularidade. Esses episódios breves, com duração média de 5 a 10 minutos, são projetados para serem consumidos rapidamente, ideal para ouvintes com um estilo de vida agitado que buscam informações rápidas e diretas. Essa estratégia também se revela eficaz para atrair novos ouvintes que podem estar relutantes em se comprometer com episódios mais longos inicialmente. Pense em um 'podsnack' como um "trailer" do seu podcast, capaz de despertar a curiosidade e levar o ouvinte ao episódio completo.

A personalização dos formatos, baseada em dados analíticos, permite aos criadores adaptar seus programas para melhor atender as preferências do público. Isso não apenas melhora a experiência do usuário, mas também fortalece a fidelidade à marca do podcast, criando conexões mais profundas. Imagine um podcast que oferece diferentes versões de um mesmo episódio: uma versão completa para os ouvintes dedicados e uma versão resumida para aqueles com menos tempo disponível.

Essas inovações estão redefinindo as possibilidades dentro do espaço dos podcasts, transformando-os em uma plataforma ainda mais versátil e robusta para o storytelling digital.

Incorporação Multimídia

A integração de elementos multimídia em conteúdos digitais, especialmente nos podcasts, marcou uma evolução significativa na apresentação e consumo das narrativas. Esta técnica não apenas enriqueceu a experiência auditiva ao introduzir estímulos visuais, mas também ampliou as possibilidades de interação e engajamento com o público.

Com o avanço das tecnologias de streaming e a demanda crescente por conteúdos dinâmicos e interativos, a multimídia se tornou uma ferramenta essencial para criadores que buscam se destacar em um mercado competitivo. A inclusão de vídeos, imagens e gráficos não só complementa a informação verbalizada, mas também facilita a compreensão de temas complexos, tornando-os acessíveis e atrativos para diferentes perfis de público. Imagine um podcast sobre culinária que, além da receita narrada, oferece um vídeo demonstrativo com o passo a passo do preparo.

A utilização de realidade aumentada (AR) e realidade virtual (VR) está começando a ganhar espaço nos podcasts. Essas tecnologias permitem que os ouvintes sejam transportados para ambientes imersivos, onde podem explorar os conteúdos de forma intensa e envolvente. Imagine um podcast sobre astronomia que, através da realidade virtual, permite aos ouvintes explorar o sistema solar e observar os planetas em detalhes.

A interatividade é outro aspecto crucial introduzido pela multimídia nos podcasts. Ferramentas como enquetes ao vivo, quizzes e jogos podem ser facilmente integradas aos episódios, incentivando a participação ativa dos ouvintes durante a transmissão. Imagine um podcast sobre história que, ao final de cada episódio, propõe um quiz para testar o conhecimento dos ouvintes sobre o tema abordado.

Por fim, a incorporação de novas mídias nos podcasts não apenas transformou radicalmente o formato tradicional desses programas, mas também abriu novas fronteiras para a criatividade. É importante ressaltar que a eficácia na incorporação dessas mídias requer um planejamento cuidadoso e uma execução técnica competente. Os criadores precisam equilibrar os elementos para garantir que eles complementem, mas não sobrecarreguem o conteúdo principal.

EVENTOS AO VIVO COMO EXTENSÃO DO PODCAST

A realização de eventos ao vivo representa uma possibilidade de expansão significativa para os criadores de podcasts, capaz de transformar a experiência usualmente unidirecional em um diálogo dinâmico e interativo com o público. Esses eventos permitem que os ouvintes participem diretamente das discussões, potencializando o engajamento e fortalecendo a comunidade em torno do podcast.

Uma das principais vantagens dos eventos ao vivo é a capacidade de gerar conteúdo exclusivo e vibrante. Durante essas sessões, os apresentadores podem explorar temas emergentes ou realizar entrevistas com convidados especiais, proporcionando aos ouvintes uma experiência única que não seria possível através do formato tradicional de podcast. Imagine um podcast sobre literatura que organiza um evento ao vivo com a presença de um autor renomado, proporcionando aos ouvintes a oportunidade de fazer perguntas e interagir diretamente com o escritor.

A interação direta com o público permite receber feedback imediato sobre o conteúdo apresentado, orientando futuras produções e elevando a qualidade geral do podcast. Imagine um podcast sobre finanças pessoais que realiza um evento ao vivo com a participação de especialistas, abrindo espaço para perguntas e dúvidas da audiência sobre investimentos e planejamento financeiro.

Os eventos ao vivo também oferecem oportunidades adicionais de monetização para os criadores de podcasts. Podem ser monetizados através da venda de ingressos, patrocínios específicos para o evento ou ofertas exclusivas durante as transmissões. Essa estratégia pode não apenas aumentar as receitas diretas, mas também valorizar o produto oferecido aos patrocinadores e anunciantes pela maior visibilidade e pelo engajamento intensificado durante esses eventos. Imagine um podcast sobre games que organiza um evento ao vivo com a presença de jogadores profissionais, patrocinado por empresas do setor, com a venda de ingressos para os fãs e ofertas exclusivas de produtos durante a transmissão.

Para organizar um evento ao vivo bem-sucedido, é crucial considerar aspectos técnicos como a escolha da plataforma de streaming adequada, a gestão da qualidade do som e vídeo, além da logística envolvida na promoção e suporte ao evento. A seleção do local, seja virtual ou físico, deve alinhar-se com o tema do podcast e as expectativas dos ouvintes para maximizar a participação e o impacto.

Essa prática pode transformar cada episódio em uma oportunidade para fortalecer laços com a audiência, explorar novos formatos narrativos e expandir as fontes de receita.

CAPÍTULO 10

Preparação Para Armadilhas Comuns

GERENCIAMENTO DE INFORMAÇÕES

Gerenciar o fluxo de informações em podcasts requer uma abordagem técnica aliada a práticas pragmáticas para garantir a qualidade e relevância do conteúdo oferecido aos ouvintes. A base para lidar com este fluxo começa com a curadoria cuidadosa do conteúdo. Isso envolve não apenas escolher os temas que serão abordados nos episódios, mas também decidir quais informações específicas serão incluídas para maximizar o valor percebido pelos ouvintes. Por exemplo, ao focar em temas específicos e selecionar dados relevantes, os podcasters podem construir uma narrativa coesa e informativa, mantendo o interesse do público ao evitar excessos desnecessários.

Em um contexto onde a quantidade de dados disponíveis é vasta e em constante crescimento, os criadores enfrentam o desafio de selecionar e apresentar informações de maneira eficaz, sem sobrecarregar seu público-alvo.

O uso de ferramentas tecnológicas de organização e gestão de dados pode ajudar a manter a eficiência na produção de podcasts. Softwares que ajudam na categorização e no armazenamento de informações podem ser empregados para visualizar claramente os temas recorrentes nos episódios, identificar lacunas de conteúdo e monitorar o feedback dos ouvintes. Isso não apenas facilita o processo de curadoria, mas também contribui para a manutenção da consistência e qualidade ao longo do tempo.

Definir critérios claros para a inclusão de informações nos episódios é essencial para evitar a fadiga informacional. Isso significa estabelecer padrões de relevância e interesse que guiam a seleção do conteúdo, garantindo que cada elemento contribua de maneira significativa para a proposta do podcast. Ao adotar essa abordagem, os podcasters podem assegurar que seu conteúdo não apenas informa, mas também engaja e mantém o interesse do público-alvo.

LIDANDO COM CRÍTICAS NEGATIVAS

Trabalhar habilidades emocionais para lidar com as críticas negativas é primordial para qualquer criador de conteúdo digital, especialmente em plataformas como podcasts, onde o feedback direto do público é constante e visível. É crucial distinguir entre críticas construtivas e comentários meramente destrutivos. As críticas construtivas oferecem sugestões úteis ou insights valiosos para melhorar o conteúdo, enquanto os comentários destrutivos muitas vezes carecem de fundamentos claros ou objetivos, podendo ser ignorados.

Uma estratégia eficaz para lidar com críticas negativas envolve uma análise cuidadosa do feedback recebido, separando emoções pessoais da avaliação objetiva das críticas. Identificar quais comentários são construtivos ajuda a direcionar esforços para melhorias relevantes. Além disso, manter uma comunicação aberta e respeitosa com o público é fundamental. Responder profissionalmente às críticas mostra compromisso com a qualidade do trabalho e pode transformar críticos em apoiadores.

É importante reconhecer que críticas negativas muitas vezes são polêmicas, e o tratamento adequado delas pode resultar em debates construtivos que beneficiam o podcast. Quando o debate gera evidências a favor de determinados temas abordados no podcast, isso não só aumenta o engajamento da audiência, mas também fortalece a credibilidade do conteúdo apresentado.

Usar críticas negativas como ferramenta de aprendizado é crucial. Cada comentário pode ser uma oportunidade para revisar e melhorar continuamente o conteúdo oferecido. Implementar mudanças baseadas em feedbacks construtivos não apenas eleva a qualidade dos episódios, mas também fortalece a conexão com a audiência, demonstrando que suas opiniões são valorizadas. Lidar eficientemente com críticas negativas exige auto-reflexão honesta, comunicação aberta e um compromisso contínuo com a melhoria do conteúdo. Essas práticas não apenas mitigam os impactos das avaliações adversas, mas também contribuem significativamente para o crescimento sustentável do podcast a longo prazo.

SUPERANDO OBSTÁCULOS TÉCNICOS

Superar obstáculos técnicos é crucial para os criadores de podcasts, pois influencia diretamente na qualidade e na recepção do conteúdo pelos ouvintes. Esses desafios podem envolver desde problemas com equipamentos e softwares até questões de integração entre plataformas tecnológicas diversas.

Para garantir a consistência e confiabilidade do podcast, é essencial conhecer bem as etapas do processo e ter um plano B. Para programas gravados previamente, manter episódios prontos com antecedência é uma opção eficiente. Em transmissões ao vivo, contar sempre com uma infraestrutura adequada, incluindo suporte e backup para lidar com situações adversas, é fundamental.

A sinergia eficaz entre diferentes plataformas e ferramentas digitais representa um desafio técnico importante. Os criadores devem se familiarizar completamente com as funcionalidades e limitações das plataformas usadas para hospedar, distribuir e promover seus podcasts. Entender como otimizar o conteúdo para diferentes formatos e dispositivos é essencial para alcançar uma audiência mais ampla e garantir uma experiência satisfatória para os ouvintes em todos os dispositivos e plataformas.

Manter-se atualizado sobre as novas tecnologias e tendências no universo dos podcasts é crucial para manter uma vantagem competitiva. Participar de workshops, cursos online ou comunidades virtuais pode proporcionar aos criadores a oportunidade de aprender novas técnicas, descobrir ferramentas úteis e trocar experiências com outros profissionais da área. Investir tempo em aprendizado técnico contínuo e preparação adequada são passos essenciais para qualquer podcaster que deseja crescer e prosperar no ambiente digital competitivo atual.

Em resumo, equilibrar consistência e qualidade exige planejamento cuidadoso, atenção aos detalhes e um compromisso contínuo com a excelência. Ao priorizar esses aspectos, os criadores de podcasts podem construir uma base leal de ouvintes enquanto destacam seu trabalho no competitivo mercado atual. A dedicação a esses princípios não só alicerça a longevidade de um podcast, mas também contribui para seu crescimento e reconhecimento como uma fonte de conteúdo valiosa e respeitável.

CAPÍTULO 11

Futuro dos Podcasts

A ASCENSÃO DE NOVAS TECNOLOGIAS

A ascensão de novas tecnologias está transformando o panorama dos podcasts, tornando-os mais interativos e acessíveis a um público global diversificado. Essa evolução não apenas amplia as possibilidades de conteúdo, mas também redefine como os ouvintes podem interagir com esse meio.

Uma das inovações mais significativas é a integração da Inteligência Artificial (IA) na produção de podcasts. A IA pode auxiliar na edição de áudio, reduzindo ruídos indesejados e melhorando a qualidade do som automaticamente. Isso permite aos produtores focar mais no conteúdo criativo do que nos aspectos técnicos da produção. Além disso, ferramentas baseadas em IA estão sendo desenvolvidas para analisar o comportamento dos ouvintes e oferecer recomendações personalizadas, potencializando a experiência do usuário.

Outra tecnologia emergente é a Realidade Virtual (RV). Embora ainda esteja nos estágios iniciais quando aplicada aos podcasts, a RV promete uma imersão sem precedentes ao permitir que os ouvintes "entrem" em ambientes sonoros tridimensionais. Isso pode ser particularmente revolucionário para podcasts de storytelling ou educacionais, onde o ambiente desempenha um papel crucial na narrativa.

O uso crescente de plataformas blockchain também apresenta um novo horizonte para os podcasters. Com blockchain, é possível criar sistemas de monetização mais transparentes e diretos através de tokens digitais ou criptomoedas. Isso não só facilita a remuneração por conteúdos exclusivos ou premium diretamente dos fãs, mas também fortalece a relação entre criadores e consumidores ao minimizar a necessidade de intermediários tradicionais.

O desenvolvimento contínuo das redes 5G promete eliminar barreiras técnicas relacionadas à velocidade e estabilidade da internet. Com downloads mais rápidos e streaming mais eficiente, espera-se que o consumo de podcasts cresça ainda mais, alcançando áreas até então limitadas pela infraestrutura digital precária.

Essas tecnologias emergentes não apenas vão moldar o futuro dos podcasts, mas também devem transformar todo um ecossistema dinâmico onde inovação e acessibilidade caminham juntas para expandir continuamente as fronteiras deste formato cada vez mais popular.

POTENCIAL POUCO EXPLORADO

O crescimento dos podcasts no mercado brasileiro representa uma oportunidade significativa ainda pouco explorada. Enquanto em diversos países o consumo de podcasts já é uma prática consolidada, no Brasil, diversos fatores como acesso limitado à tecnologia e falta de conteúdo direcionado impedem um crescimento mais acelerado.

A infraestrutura de internet no Brasil pode ser um desafio, especialmente em áreas menos urbanizadas onde conexões instáveis ou de baixa velocidade são comuns, dificultando o streaming de conteúdo audiovisual. A evolução das redes móveis e a expansão do acesso à internet têm melhorado esse cenário, mas ainda há espaço para avanços significativos.

Além disso, existe uma carência de podcasts que reflitam as culturas locais e linguagens específicas das diferentes regiões do Brasil. A maioria dos podcasts populares são produzidos em português padrão, deixando de lado uma parcela da população que poderia se beneficiar de conteúdos em seus dialetos regionais ou nichos culturais específicos. Isso representa uma excelente oportunidade para criadores emergirem e capturarem audiências ávidas por representatividade cultural e linguística.

A monetização também é um desafio para muitos podcasters, que enfrentam dificuldades para gerar receita suficiente para sustentar seus projetos. A adoção de tecnologias como blockchain pode oferecer novas formas de monetização através de modelos mais transparentes e diretos, como micropagamentos por episódios ou assinaturas via criptomoedas, potencializando a relação entre criadores e consumidores.

Finalmente, a educação sobre o meio podcast é fundamental para cultivar tanto ouvintes quanto produtores no Brasil. Iniciativas educacionais que ensinem sobre a criação e consumo deste formato podem acelerar sua adoção e popularização, ajudando a criar um ecossistema de podcasting mais diversificado e robusto no país.

Portanto, apesar dos desafios presentes, as oportunidades no mercado brasileiro de podcasts são vastas e promissoras para os próximos anos. Com investimentos contínuos em tecnologia, educação e desenvolvimento de conteúdo localizado, o cenário dos podcasts no Brasil tem potencial para um crescimento significativo e sustentável.

PREVISÕES SOBRE MUDANÇAS NA DEMANDA DOS OUVINTES

A evolução do mercado de podcasts nos próximos anos provavelmente será moldada por uma série de fatores dinâmicos que influenciarão diretamente a demanda dos ouvintes. Com o crescimento contínuo da tecnologia e a mudança nos hábitos de consumo de mídia, podemos antecipar algumas tendências significativas que redefinirão o panorama dos podcasts.

Primeiramente, a personalização do conteúdo se tornará ainda mais crítica. Na medida que os algoritmos de recomendação se tornam mais sofisticados, espera-se que os ouvintes exijam um nível mais alto de curadoria personalizada que alinhe precisamente com seus interesses específicos e rotinas diárias. Isso poderá impulsionar uma nova onda de podcasts nichados, oferecendo programas altamente especializados em tópicos como saúde mental, hobbies específicos ou aprendizado profissional.

A sinergia entre diferentes plataformas digitais e dispositivos inteligentes facilitará o acesso aos podcasts em uma variedade ainda maior de contextos. Por exemplo, a crescente popularidade dos assistentes virtuais e dispositivos wearables pode permitir novas formas de interação com conteúdos audiovisuais, onde os ouvintes podem iniciar um episódio em um dispositivo e continuar em outro sem interrupções.

A produção de conteúdo local também deverá aumentar para atender à crescente demanda por diversidade cultural e linguística nos podcasts. Isso não apenas ampliará o alcance geográfico dos podcasts, mas também enriquecerá as experiências culturais dos ouvintes, proporcionando uma plataforma para vozes sub-representadas serem ouvidas.

Por fim, a monetização direta por parte dos ouvintes pode ganhar força através de modelos como assinaturas premium e patrocínios diretos via plataformas como Patreon. Essa tendência será impulsionada pela vontade dos consumidores em apoiar criadores de conteúdo independentes e obter acesso exclusivo a conteúdos especiais.

Em resumo, as mudanças na demanda dos ouvintes por podcasts estão configuradas para refletir avanços tecnológicos mais amplos e uma maior segmentação das preferências individuais. Essas transformações abrirão novas oportunidades para criadores inovarem no formato e no conteúdo oferecido, mantendo os ouvintes engajados e expandindo continuamente suas bases de audiência.

Capítulo 12

Dê o Primeiro Passo

Agora que você chegou ao final deste livro, está preparado para dar o primeiro passo no fascinante mundo dos podcasts. A jornada que você iniciou ao aprender sobre a história, as estratégias e as inovações desse meio de comunicação pode ser transformada em ação. Seja para fortalecer a sua marca, compartilhar suas paixões ou explorar novas ideias, o mercado de podcasts está em franco desenvolvimento e anseia por novos conteúdos de qualidade.

Se você optar por iniciar sua jornada de forma independente, lembre-se de que você já possui a base necessária para começar. Utilize o conhecimento adquirido aqui para planejar seu conteúdo, escolher seu equipamento e lançar seus primeiros episódios. A paixão e a autenticidade são suas maiores aliadas. Experimente, aprenda com cada episódio e ajuste conforme necessário. A beleza dos podcasts está na flexibilidade e na capacidade de evolução contínua.

Caso prefira contar com o suporte de profissionais, considere procurar um estúdio ou produtora especializada. Eles podem oferecer a expertise técnica e o suporte logístico necessários para transformar suas ideias em realidade. Desde a gravação e edição até a distribuição e promoção, esses profissionais estão prontos para ajudar você a superar obstáculos técnicos e garantir a qualidade do seu programa.

O mercado de podcasts está crescendo rapidamente, com uma audiência cada vez mais diversificada e exigente. A demanda por conteúdos autênticos, relevantes e de alta qualidade nunca foi tão alta. Há espaço para todos os tipos de vozes e histórias, e o momento para se juntar a essa revolução é agora. Cada podcast lançado contribui para o rico mosaico de conteúdos disponíveis, oferecendo aos ouvintes novas perspectivas e experiências.

Dê o primeiro passo. Comece a planejar, gravar e compartilhar suas ideias. A jornada de um podcaster pode ser desafiadora, mas é também incrivelmente recompensante. Você tem o potencial de impactar, educar, entreter e inspirar pessoas ao redor do mundo.

Não espere mais. O universo dos podcasts está à sua espera, pronto para receber suas histórias e insights únicos. Seja ousado, criativo e, acima de tudo, fiel à sua voz. O futuro dos podcasts está em suas mãos, e o momento de agir é agora. Boa sorte na sua jornada!

www.ingramcontent.com/pod-product-compliance
Lightning Source LLC
LaVergne TN
LVHW051710050326
832903LV00032B/4109

* 9 7 9 8 3 3 5 1 6 9 4 5 5 *